O Traço

Nisi Dominus

Vanum est vobis ante lucem surgere surgere postquam sederitis qui manducatis panem doloris cum dederit dilectis suis somnum, *Psalm 127:2*

Blucher

Gerrit Noordzij

o Traço
teoria da escrita

Tradução: Luciano Cardinali

o Traço
© 2013 Gerrit Noordzij
Direitos reservados para a língua portuguesa pela
Editora Edgard Blücher Ltda. 2013.

Blucher

Publisher Edgard Blücher
Editor Eduardo Blücher

Diagramação Nikolas Lorencini
Revisão Tássia Santana

Rua Pedroso Alvarenga, 1245, 4º andar
04531-012 - São Paulo - SP - Brasil
Fax 55 11 3079-2707
Tel 55 11 3078-5366
contato@blucher.com.br
www.blucher.com.br

Segundo o Novo Acordo Ortográfico, conforme 5a ed. do Voca-
bulário Ortográfico da Língua Portuguesa, Academia Brasileira de
Letras, março de 2009.

Dados Internacionais de Catalogação na Publicação
(Câmara Brasleira do Livro, SP, Brasil)

Noordzij, Gerrit
    O traço : teoria da escrita / Gerrit Noordzij; tradução de
Luciano Cardinali, Andréa Branco. – São Paulo: Blucher, 2013.

    ISBN 978-85-212-0806-8

    Título original: The Stroke – theory of writing

    1. Caligrafia 2. Escrita 3. Projeto gráfico (Tipografia)
    I. Título II. Cardinali, Luciano III. Branco, Andréa

13-0955   CDD 745.61

Índices para catálogo sistemático:

1. Caligrafia

A tradução contou com a colaboração da calígrafa Andrea Branco para a adaptação de termos do idioma inglês para os termos de uso corrente de nossa língua, ajudando a constituir uma terminologia comum e objetiva.

SUMÁRIO

Neste prefácio, quero assinalar as diferenças entre *O traço* (The stroke) e meu livro *O traço da pena* (The stroke of the pen), publicado pela Royal Academy of Art, em Haia, na ocasião do 300º aniversário da Academia em 1982. Foi composto e impresso pela Royal Printer Van de Garde em Zaltbommel.

O traço da pena distingue a construção da escrita interrompida da contínua, por meio de traços descendentes e ascendentes. Essas duas formas de construção podem ser subdivididas de acordo com o contraste do traço: translação ou expansão. Portanto, existem quatro possibilidades para cada forma escrita.

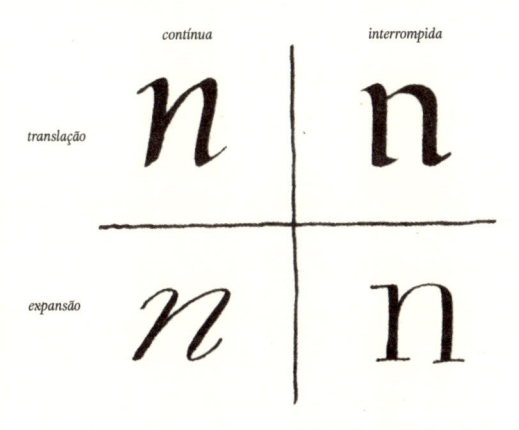

O contraste é uma escala na qual a pura translação e a pura expansão são os extremos teóricos. Para minhas aulas na Academia, não preciso de uma divisão na escala; indicar a tendência do contraste parece ser suficiente. Também tenho usado isso na pesquisa de manuscritos antigos. Para mim, não há muita diferença entre ensinar e pesquisar: quando ensino, volto-me aos meus colegas do futuro e, nas pesquisas de manuscritos, encontro meus colegas do passado. A divisão da escala em unidades pode atrapalhar o caráter rigoroso do esquema e "invocar os maus espíritos" da classificação das letras.

Em meio à discussão a respeito de programas de computador para a criação de fontes, surgiu a necessidade de descrever precisamente cada etapa de todos os traços. Essa descrição pode ser expressa em termos do tamanho e da orientação do contraponto. A natureza do contraste é determinada pela forma como esses valores se relacionam. Nessa descrição do traço, a distinção subjetiva entre os traços descendentes e ascendentes torna-se irrelevante.

No início de 1985, fundei o periódico *Letterletter*. Nessa publicação da ATypI (*Association Typographique Internationale*), minha intenção foi gradualmente se dirigindo ao desenvolvimento de uma nova formulação da minha teoria. Surgiu então a proposta da Van de Garde de publicar uma edição do *The stroke of the pen* em holandês por ocasião de seu 125º aniversário. Aproveitei o convite como uma oportunidade para elaborar uma síntese revisada da última versão de minha teoria. Então, eis aqui *O Traço*.

et vidit deus
lucem quod esset
bona et divisit lu-
cem ad tenebras

GENESIS 1:4

Minha contribuição para o curso de Design Gráfico na Royal Academy of Art, em Haia, foi fundamentada em exercícios caligráficos. Caligrafia é uma escrita manual cujo propósito reside nela mesma, dedicada à qualidade de suas formas. Da discussão e avaliação de nossas experiências, emergiu uma teoria da escrita para descrever as propriedades das formas com precisão paramétrica, sem impor condições estéticas ou ideológicas. Este livro é uma introdução a essa teoria. Faria sentido indicar neste prefácio a utilidade dessa teoria. Ela é útil se você puder criticar, com absoluta precisão, a consistência de um *design* simplesmente perguntando coisas como: você desenhou a translação do *c* numa inclinação intencionalmente maior que do *e*? Questões como essa expressam as propriedades de um desenho em parâmetros do traço de uma pena.

A forma inicial, primeira, fundamental é o simples curso da ferramenta. Apenas a escrita manual preserva as características de um único traço. Escrita manual é uma escrita praticada por um único traço. Letreiramento, ou *lettering*, é a escrita feita com formas construídas. No letreiramento, as formas são mais maleáveis do que na escrita manual, pois permitem retoques no traçado que podem gradualmente melhorar (ou prejudicar) a qualidade das formas. O *lettering* é independente da ferramenta que o concebeu, mas essa liberdade só existe à custa do caractere: na escrita composta de traços sobrepostos, as formas criadas a partir de um traço único se perdem como pegadas apagadas em uma trilha. O senso comum mostra que a liberdade do *lettering* é limitada. Isso não quer dizer que o desenho de formas não convencionais deva ser difícil ou proibido, mas formas que não estão em conformidade com a convenção simplesmente não são uma escrita.

Do ponto de vista tipográfico, os tipos são uma ramificação especial da escrita que difere da essência do *lettering*. O tipógrafo apenas pode trabalhar com a escrita que está disposta em uma fonte. Desde que aprendemos a armazenar tipos de letra em computadores, podemos imaginar os tipos como *lettering* reproduzido em um banco de dados (a "fonte" tipográfica), que tornam as formas do desenho original disponíveis para a composição. O letreiramento, por si só, não atende a essa condição da composição tipográfica. Entretanto, quando se trata das propriedades do *design*, não há nada que possa distinguir os tipos; é impossível diferenciar letras tipográficas de outras reproduções de *letterings*.

A teoria também proporciona boas práticas. O traço é o artefato fundamental. Nada é mais primordial que a forma de um único traço. Não podemos pressupor uma forma desenhando primeiramente seu contorno, porque qualquer desenho (incluindo os contornos) começa com a forma. Contornos são as bordas das formas. Se uma forma não existir, também não haverá um contorno. A Figura 1 evoca rapidamente a forma de uma letra com um zigue-zague, que simula a direção e a extensão da translação do traço. Na Figura 2, a forma é definida com mais precisão. O contorno não deve ser acentuado; a forma que se define deve assimilar o contorno. Se o contorno se sobressai como a forma em si, ele obstrui a ideia da forma pretendida (Figura 3).

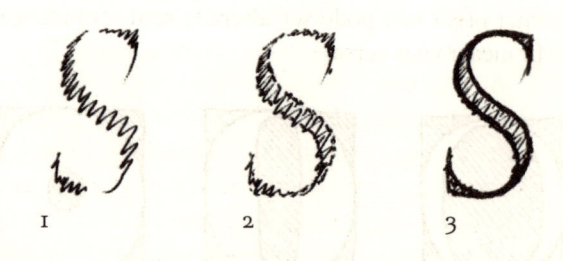

1   2   3

Uma letra é composta por duas formas, uma clara e outra escura. Eu chamo a forma clara de branco da letra e a forma escura de preto. O preto consiste das regiões da letra que cercam o branco. O branco e o preto podem ser substituídos por qualquer combinação de cores claras e escuras, e o claro e o escuro podem trocar de papéis, mas os efeitos intrigantes dessa permutação ficarão de fora do escopo deste livro. Dessa maneira, chamarei os traços de preto da letra e as formas internas de branco da letra, mesmo nos casos como o da Figura I.I em que represento a forma branca com uma área escura.

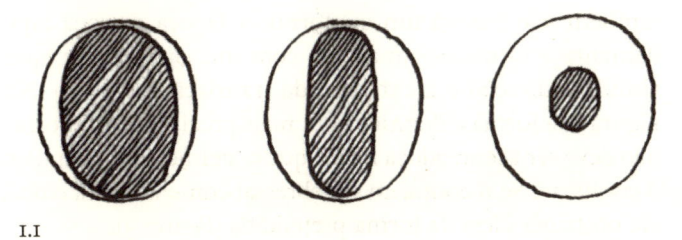

I.I

A forma preta não pode ser alterada sem a mudança da forma branca e vice-versa.

I.2

Na Figura I.2, as letras da Figura I.I aparecem dentro de retângulos 'brancos'. Nos três casos, a forma exterior do o tem a mesma área de superfície. A área desse branco não muda quando a forma preta sofre alterações, o que já ocorre na relação dessa área de superfície com a área de superfície

da forma interior. No terceiro retângulo, o volume percebido da forma exterior é muito maior que o do primeiro
retângulo, porque neste a forma exterior é pressionada pela
grande forma interior.

Na prática, uma letra solta dentro de um pequeno retângulo é uma raridade. Uma palavra geralmente é constituída
de duas ou mais letras adjacentes. A Figura 1.3 mostra um
esquema simples disso.

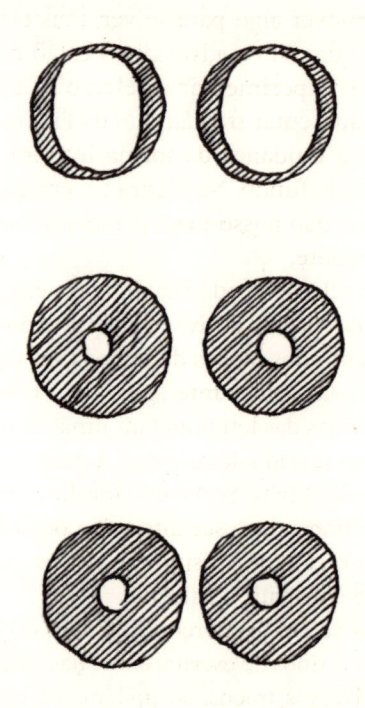

1.3

O espaço branco entre as letras da segunda combinação
é idêntico àquele da primeira, mas o volume percebido
desse branco é tão maior que faz as letras parecerem mais
separadas. Na terceira combinação, a ligação das letras é
restabelecida pela redução drástica do espaço entre elas.
A manutenção do equilíbrio das formas brancas faz toda a
diferença. O branco da palavra é minha única ferramenta
para manter as letras juntas.

A relação entre forma e contraforma, o que na escrita equivale à relação entre o branco e o preto, é o fundamento básico da percepção. A interpretação de cada sensação, vinda de qualquer órgão sensorial, aplica-se a esse princípio. A escrita é um bom modelo para a percepção porque, com suas regras precisas, cria um ambiente de trabalho como um laboratório artificial que qualquer um de nós tem ao alcance. A interação entre o claro e o escuro ocorre quando e onde houver algo para se ver, mas esse jogo só fica interessante quando os adversários estão bem equilibrados – só posso experimentar a relação se esta estiver bem clara. Se eu aumentar o retângulo da Figura 1.2, diminuo o efeito que a mudança da forma interior causa no volume percebido do fundo. Na Figura 1.1, em que o fundo é a própria página, não posso mais perceber esse efeito. A relação não é evidente.

A presença de relações pode ser dividida em grupos. A lógica do formato da página deriva principalmente da forma e do posicionamento dos blocos de texto; a massa de preto e o comprimento das linhas interagem com o branco das entrelinhas; as formas das letras afetam umas às outras dentro de um contexto variado de palavras. A palavra é a menor unidade orgânica da escrita. Seja o que for dito a respeito de uma letra ou um traço, deve ser dito sob a ótica da palavra. Neste livro, analiso esse organismo em partes, mas apenas para que eu possa construir a palavra.

A escrita baseia-se em proporções relativas do branco da palavra. Os diversos tipos de escrita, com suas variadas construções e seus diversos traços, só podem ser comparados entre si em termos do branco das palavras – toda comparação requer um ponto de vista privilegiado que torna as coisas comparáveis. A única coisa que os vários tipos de escrita têm em comum é o branco das palavras. Esse ponto de vista universal vale igualmente para a escrita manual e a tipografia, para a escrita antiga e a escrita moderna, para a escrita ocidental e a escrita de outras culturas, em suma, vale para toda a escrita.

In principio erat verbum

Joh.1:1

Os estudos contemporâneos sobre a escrita não observam atentamente o *branco* da *palavra*, mas o preto da letra. Consequentemente, as considerações se exaurem na exploração de diferenças superficiais. O ponto de vista universal, que permite a comparação entre a escrita manual e a tipografia, não observa o preto da letra. O preto de uma letra tipográfica é tão diferente do preto de uma letra manuscrita que, em um comparativo rigoroso, eles parecem incomensuráveis. Quando a tipografia se preocupa somente com o preto das formas de letras pré-fabricadas para impressão em papel, o estudo acadêmico da escrita deixa de lado a importância da escrita manual na história dos tipos. Mas mesmo os resquícios de tal separação não podem ser observados a partir desse ponto de vista. A importância de escritas do passado – à medida que surgem nos livros – recai na paleografia, na diplomacia que investiga escritas do passado em letras e exemplares originais, e na epigrafia, que estuda as escritas antigas em fachadas. A escrita manual contemporânea é totalmente ignorada, está à mercê de pedagogos que, com sua teimosia cega, colocam toda a civilização em risco. Isso pode até parecer exagero, mas o que é a civilização ocidental senão a comunidade cultural que se beneficia da escrita ocidental? Pedagogos se orgulham do fato de que eles não sobrecarregam o aprendizado das crianças com uma introdução à escrita. Ao agir assim, estão minando as fundações da civilização ocidental. O aumento assustador do analfabetismo começa com a negligência da escrita nas escolas. Essa ameaça à civilização caminha com a diferenciação das disciplinas da escrita. O obscuro ponto de partida impõe ao instruído essa distinção que não abre espaço para a escrita manual contemporânea, porque as linhas pretas dessa escrita manual não têm quase nada em comum com as formas pretas das escritas que os paleógrafos buscam mapear. Não é exagero algum dizer que os professores escolares apenas permitem a má escrita porque consideram a boa escrita como 'desenhada' em vez de "escrita". A diferenciação protege o ponto de vista. Sem ela, o professor escolar teria de colocar os seus modelos à prova da boa escrita e essa confrontação seria fatal. Mas ele pode enfrentar serenamente a boa escrita porque esta pertence a um assunto diferente, à outra margem do rio.

Da mesma maneira, a visão acadêmica está resguardada. É inadmissível sugerir que tipografia seja uma escrita porque tal especulação enfraquece o preconceito (um preconceito é um ponto de vista que não pode ser questionado). Quando os fatos ainda nos compelem a comparar a tipografia com a escrita manual, eles são suprimidos. A história da 'Romain du Roi' é um bom exemplo disso. O tipo 'Romain du Roi' foi criado por volta de 1700 seguindo as diretrizes oficiais de uma comissão científica. A proposta foi planejada sobre uma grade – a maneira tradicional de transferir desenhos em escala. A ata dessa comissão atestou o que qualquer um pode verificar: os desenhos seguem com precisão a escrita manual de Nicolas Jarry, que trabalhou em torno de 1650 como calígrafo do Cabinet du Roi. Essa história não nos deixa outra opção senão considerar a 'Roman du Roi' – o tipo – como a escrita manual de Jarry. Mas se esse fosse o caso, o fundamento da ciência da escrita cairia por terra. Os estudiosos evitam esse desmoronamento mantendo o caso em sigilo. Em vez disso, eles apresentam a 'Romain du Roi' como um marco de virada na história. A grade, então, deveria ser o verdadeiro ponto de partida do *design* do tipo, e a letra tipográfica teria se tornado, de uma vez por todas, independente da escrita manual.

Essa falsificação pretende resgatar uma ideia insustentável, mas o efeito é justamente o contrário. É impossível falar qualquer coisa sobre letras tipográficas autônomas sem vir à mente essa falsificação histórica. Falsificação é um fenômeno familiar na ciência. Os estudiosos se voltam a ela quando a teoria, na qual se debruçaram a vida inteira, ameaça ser banida. Os estudos das letras tipográficas e a pedagogia oportunamente deixam de lado, negligenciam ou ocultam os verdadeiros fatos porque a visão que essas disciplinas têm da escrita está ligada ao entendimento de que a letra tipográfica e a escrita manual informal são autônomas. E essa premissa só pode ser sustentada em detrimento dos fatos.

A ciência é uma arte que busca uma pergunta pertinente para cada resposta. As teorias servem para eleger as perguntas e as perguntas servem para questionar a validade das teorias. Perguntas geram perplexidade, e assim deve ser. Quando o meu castelo teórico de cartas desmorona, significa que outra ideia melhor suplantou a minha e ficarei feliz em renunciar a minha opinião em favor de uma melhor. A ciência estará perdida quando perguntas que põem em risco uma teoria forem repelidas ou ignoradas.

Minha objeção à ciência não se baseia no fato de as premissas para a distinção da escrita serem insustentáveis, o que, afinal, parece ser o caso das teorias em todas as empreitadas científicas vitais. O que me aborrece é a incontestabilidade dessas premissas. Isso transforma a ciência em superstição. As superstições dos sábios escribas infiltram-se em disciplinas que creem – negligentemente – na mesma consideração superficial do *preto* da *letra*. Deparo-me com isso na psicologia, na história da arte, na matemática, nas ciências linguísticas etc.

Para mim, é impossível mostrar a língua outra vez. Mas isso deve ser o suficiente para mexer com qualquer um que adora duelar com uma lança sobre um cavalo. Neste livro, exponho as minhas premissas com um pedido amigável, porém urgente, de que sejam entendidas com a maior clareza possível.

et rex aspiciebat
articulos manus
scribentis, Tunc
regis facies *Dan. 5:5*
commutata est,

2. O TRAÇO

As formas brancas determinam o lugar das formas pretas, mas essas formas brancas são formadas pelas formas pretas. A manifestação mais simples da forma preta é o traço. Um traço é uma linha ininterrupta produzida por um instrumento sobre o plano da escrita. O traço começa com a *marca impressa* de um instrumento.

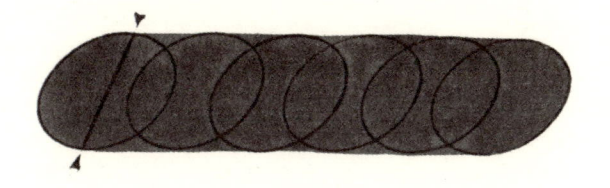

2.1

Na Figura 2.1, a marca impressa é uma elipse. Poderia ser, por exemplo, a marca da ponta desgastada de um lápis posicionada na diagonal. Ao mover para a frente, a impressão produz um traço. As extremidades desse traço são semielipses. Somente nessas extremidades a identidade da marca impressa é reconhecível. Além das extremidades, o contorno do traço consiste em linhas retas. Essas linhas representam a conexão de um par de pontos. Cada ponto de um contorno possui uma contraparte no outro contorno. Esse par de pontos é o *contraponto* do traço. A distância entre esses pontos é o *tamanho do contraponto*.

Uma linha percorre todo o contraponto, a *linha frontal* do traço. O contraponto é um segmento de linha na linha frontal. O traço reto da Figura 2.1 é simples. Em cada fase do traço, o contraponto é o mesmo par de pontos do perímetro da elipse. A linha frontal sempre percorre o mesmo eixo da elipse, e todas as linhas frontais do traço são paralelas.

Na Figura 2.2, a elipse descreve uma curva, e o traço já não é mais tão simples. A cada curva, o contraponto se inclina em um eixo diferente da elipse e, portanto, o tamanho do contraponto muda a cada alteração de direção do

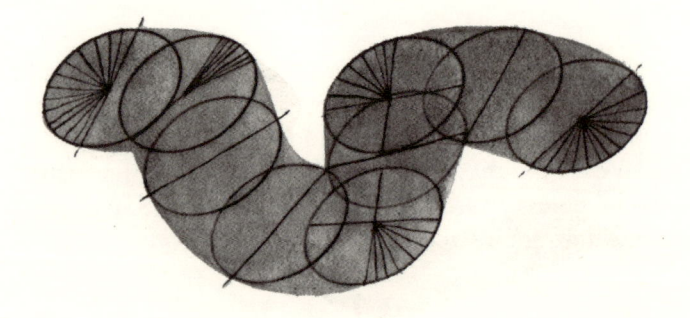

2.2

traço. As linhas frontais mudam de orientação. Seus pontos de intersecção podem ocorrer em qualquer ponto entre o centro da elipse e o infinito. Esse traço é difícil de descrever com precisão. O traço de um lápis é elusivo.

2.3

Na Figura 2.3, a marca impressa do instrumento é um triângulo. O traço é gerado pela combinação de três vetores, cada um representando o tamanho e a orientação de um dos lados do triângulo. A trilha mais escura é o traçado do vetor 1. Quando as linhas descritas pelos vértices do instrumento se cruzam, um vetor diferente torna-se o contraponto do traço. Como descrição gráfica de uma ferramenta, o triângulo é a mais simples de todas as complicações.

2.4

A Figura 2.4 é o traçado de um único vetor. O tamanho do contraponto é sempre o mesmo e sua orientação é fixa. Esse modelo é da ferramenta mais simples que se pode conceber, a pena de ponta chata. O modelo funciona enquanto a espessura da pena for insignificante se comparada à largura de sua ponta. Na escrita de letras pequenas – e para tipos de texto em geral – os limites desse modelo são evidentes. Em muitos tipos, os vetores implícitos possuem uma espessura determinada e o impacto dessa espessura é claramente visível na forma do traço. Para complicar ainda mais as coisas, atualmente os tipos grandes são sempre uma ampliação linear de corpos pequenos. Essas complicações nos levam para além dos simples princípios desta introdução e fazem dos tipos um assunto de especial consideração. Por enquanto, fico satisfeito com a representação da espessura do traçado de uma pena como um vetor perpendicular ao contraponto, cujo efeito na descrição dos princípios básicos é insignificante.

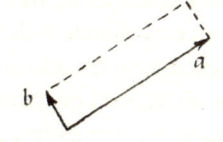

2.5

Uma pena de ponta chata é descrita graficamente na Figura 2.5; o vetor *a* é o contraponto (a largura da pena), o vetor *b*, perpendicular ao *a*, é a espessura da pena. Quando o contraponto for um único vetor, de igual magnitude em todas as posições e com orientação fixa, as diferentes larguras do traço serão consequência das mudanças de direção do traço. Pequenas alterações na orientação do contraponto (como resultado das variações da posição da pena) e alterações do tamanho do contraponto (resultante das variações de pressão) geralmente se revelam na prática da escrita – tais variações desempenham um papel considerável na impressão que uma peça escrita causa e são fatores importantes na análise de estilos caligráficos individuais, mas só podem ser descritas como variações baseadas no princípio ilustrado na Figura 2.4.

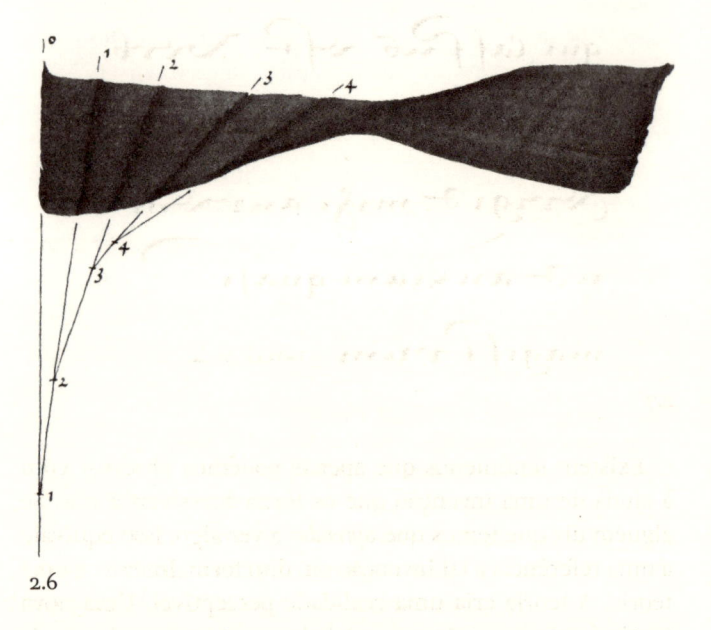

2.6

O princípio pode ser revertido, como na Figura 2.6 em que a espessura do traço, desenhado em *uma* direção, muda porque a *orientação* do contraponto se modifica em relação à direção do traço. As linhas frontais se cruzam. O ângulo que a linha frontal transpassa é a rotação de seu contraponto.

Em geral, a rotação pode ser compreendida como uma curva cujas tangentes são linhas frontais. Os limites da curva são um ponto (o raio da curva é nulo, cada linha frontal cruza outra linha nesse ponto) e uma linha reta (o raio da curva é infinitamente grande, todas as linhas frontais são paralelas à linha reta). No caso a seguir, não abordaremos mais a rotação, e sim a translação, que é a condição da Figura 2.4.

Isaías 50:4

2.7

Existem fenômenos que apenas podemos observar com a ajuda de uma invenção que os torna acessíveis a nós. Se alguém diz que temos que *aprender* a ver algo, isso equivale a uma referência a tal invenção ou, dito formalmente, a uma teoria. A teoria cria uma realidade perceptível. Uma nova teoria é uma invenção que estabelece os termos pelos quais um novo fenômeno será compreendido. Apesar disso, nem toda possibilidade teórica é concretizada na prática porque, enquanto uma teoria procura se cercar de todas as possibilidades, a prática é apenas o conjunto das possibilidades realizadas. Para encontrar a rotação, tive apenas de observar os calígrafos virtuosos que adoram nos iludir com artimanhas (porque, por exemplo, eles se permitem ser tratados pelo viés estético). A caligrafia maneirista holandesa (desde a primeira metade do século XVII) só pode ser explicada de forma realmente adequada se tivermos aprendido a observar a rotação. Certamente, as rotações andam lado a lado com um alargamento do contraponto (expansão), o resultado de pressões variadas em uma pena. Mas a escrita de Jan van den Velde não pode ser explicada apenas pela expansão (como uma escrita realizada com uma pena de bico fino ou bico de pena). Escrevi o texto da Figura 2.7 no estilo holandês corrido em pé (letras cursivas com hastes verticais). Não tenho a intenção de sobrepujar meus talentosos predecessores – apenas quero mostrar que eles escreviam com uma pena de ponta chata em rotação. Quando isso ficou claro para mim, lembrei-me da descrição dessa técnica na parte 3, o '*Fondementboeck*', do livro *Spieghel der schrijfkonste* (*O espelho da arte da escrita*) de Jan van den Velde, 1605. Eu sabia frases inteiras de cor, mas o significado me havia escapado há anos: eu precisava *aprender* a ver.

consurgent reges
terrae et príncipes
tractabunt paríter
habítator caelí
rídebít, Psalm 2:2,4

Na escrita, o *contraste* é a diferença entre traços grossos e finos. Existem três *tipos de contraste.*

Translação: o contraste dos traços é resultante da mudança na direção do traço em si, porque o tamanho e a orientação do contraponto são constantes (Figura 2.4).

Rotação: o contraste dos traços é o resultado não apenas das mudanças de direção do traço, mas também das alterações na orientação do contraponto. O tamanho do contraponto é constante (Figura 2.6).

Expansão: o contraste é obtido pela mudança do tamanho do contraponto. A orientação do contraponto é constante (Figura 2.8).

Uma pessoa não é capaz de manter constantes a posição da pena e a pressão de sua mão, portanto, um tipo de contraste nunca ocorre de forma absoluta, exceto em modelos teóricos. Quando digo que um estilo de escrita é dominado pela translação, quero dizer que, aos meus olhos, a translação é o tipo dominante de contraste. Isso não impede que alguém, à procura de peculiaridades em um calígrafo específico, seja surpreendido pela presença da expansão no mesmo exemplar. Essa estrutura conceitual pode ser usada como um machado sem corte ou como uma lâmina cirúrgica. Contudo, sendo machado ou bisturi, o sistema ainda se aplica. O que ele pode proporcionar fica evidente a partir do que exponho a seguir, com o modelo de tipos de contraste sob a ótica da história da cultura.

Translação: Antiguidade e Idade Média
Rotação: Maneirismo
Expansão: Romantismo

A Grécia antiga não figura nesse esquema, a Renascença está inserida na Idade Média e o Romantismo engloba o Barroco e o Classicismo. Apenas com refinamentos posteriores esses detalhes vêm à tona, mas as minhas considerações a respeito divergem dos fatos que a história da cultura me fornece.

Ainda assim, não há dúvidas sobre o fato de que as formas de contraste estão relacionadas com os marcos históricos: deixo para um historiador explicar como ele pode conceber a coesão da civilização ocidental a não ser pela escrita ocidental.

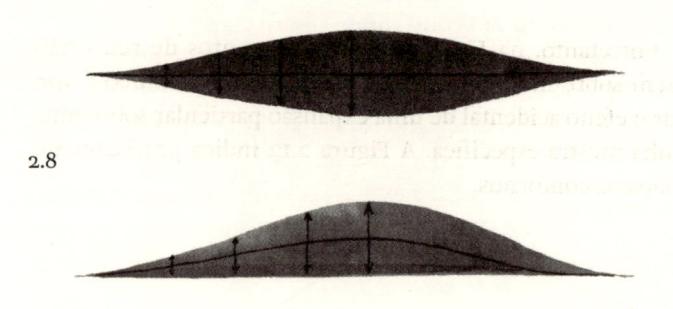

2.8

2.9

A Figura 2.8 representa um traço com um alargamento do contraponto; o tipo de contraste é a expansão. A diferença entre as Figuras 2.8 e 2.9 é a direção do traço. Na Figura 2.8, o traço é reto. É necessário distinguir claramente a direção do traço e a direção do contorno do traço: a *direção do traço* é a direção da linha mestra. A *linha mestra[1]* é a linha descrita pelo ponto médio de contrapontos sucessivos.

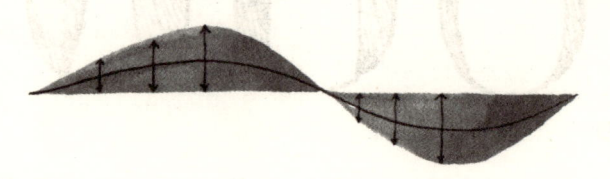

2.10

Sem uma delimitação inequívoca da direção de um traço, sua interpretação pode ser errônea. Por exemplo, a Figura 2.10 poderia ser considerada uma linha reta com uma curva senoidal (Figura 2.11).

---

1 Linha mestra também pode ser compreendida como *ductus*, uma linha imaginária que aponta a direção tomada pelos traços e define a ordem em que esses traços são executados. (NT)

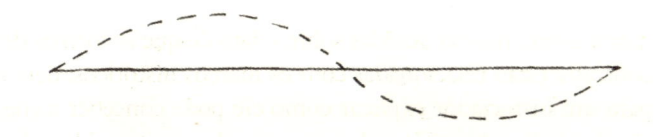

2.II

    Entretanto, na Figura 2.10, os segmentos de retas não caem sobre mesmo contorno e seu caráter retilíneo é apenas o efeito acidental de uma expansão particular sobre uma linha mestra específica. A Figura 2.12 indica precisamente todos os contornos.

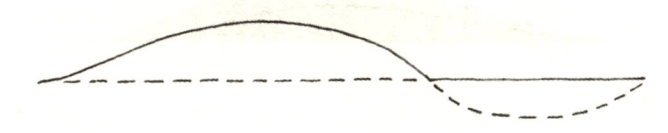

2.I2

    Nos estudos das letras tipográficas, as diferenças, como nas letras da Figura 2.13, estão grosseiramente exageradas.

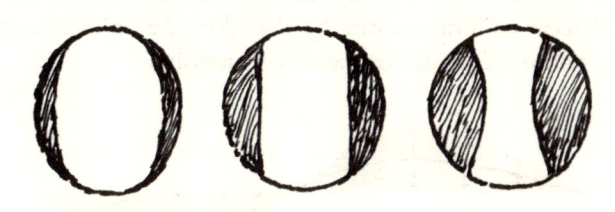

2.I3

    Em minha análise, as três letras têm praticamente linhas mestras idênticas, um tipo de contraste idêntico e os contrapontos seguem o mesmo curso. A diferença nas formas deriva unicamente da dilatação dos contrapontos. Podemos questionar a relevância dessa diferença quantitativa, mas em um aspecto ela permanece insignificante: as diferenças ocorrerão entre todos os traços à pena, até na mesma letra, pois é impossível controlar totalmente o grau de expansão em um traço feito à mão livre.

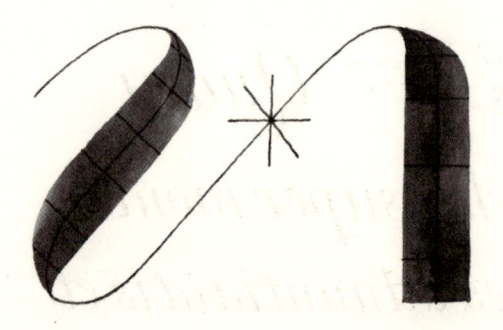

2.14

A linha frontal é uma linha que atravessa o contraponto, o par de pontos que delineiam o contorno de um traço. As orientações da linha frontal e do contraponto coincidem. Nos segmentos mais finos da Figura 2.14, a linha frontal não possui orientação porque não há contraponto. Eu diria sem hesitar que a linha frontal possui todas as orientações (a estrela no meio da linha) porque os pontos do contraponto coincidem. Para determinar a orientação de uma linha, um segundo ponto é necessário. Nos segmentos finos, o contraponto tornou-se uma inacessível parelha de pontos cujo sinal não posso obter com a utilização dos meus conceitos. Vale tudo e nada vale. Do meu ponto de vista, a expansão pura é um tipo de contraste decadente que se exclui da descrição sistemática por conta do que acontece nos segmentos de linhas finas. Os aparentes alcances de minhas formulações entram em cena e, com eles, o fim da escrita. O que restou eu encapsulo em uma fórmula geométrica.

$Isaias$] 52:7 *Quam pulchri super montes pedes adnuntiantis et praedicantis pacem* [...] *dicentis Sion* regnavit Deus tuus

A Figura 2.15 demonstra um modelo espacial de expansão.

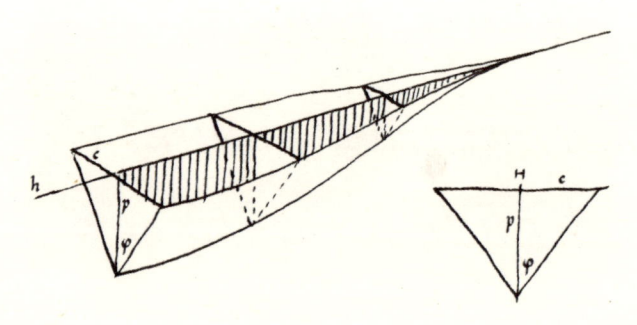

2.15

h Linha mestra
p Variação de pressão da pena (retratada na profundidade do traço)
φ A flexibilidade da pena (retratada como o ângulo de uma cunha que percorre a quilha do traço)
c Contraponto

$$c = p \cdot \tan \varphi$$

O traço é um sulco cuja profundidade coincide com a pressão sobre a cunha que corta o sulco. O ângulo da cunha representa a flexibilidade da pena. Uma fórmula para o contraponto decorre do modelo acima.

As diferenças entre as letras da Figura 2.13 podem ser compreendidas com essa fórmula. Em princípio, as letras são as mesmas, a linha mestra não se altera. A amplitude do contraponto varia com o ângulo cônico φ da cunha ou com a profundidade p do sulco. Com uma ampliação gradual de φ, segue-se uma série de mudanças de forma das quais as letras da Figura 2.13 retratam apenas três fases. Tipograficamente falando, a fórmula salienta a semelhança fundamental entre a Baskerville e a Bodoni.

Entretanto, o problema que permeia a Figura 2.14 também não proporciona uma solução nesses termos. Para as linhas finas, vale tudo, p é igual a zero.

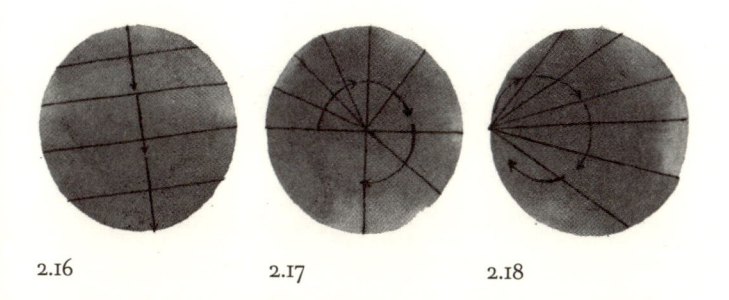

2.16   2.17   2.18

Uma vez que tanto o tamanho como a orientação do contraponto podem mudar, não é possível presumir com absoluta certeza o modo da escrita a partir da forma do traço. No traço circular da Figura 2.16, a orientação do contraponto permanece a mesma, enquanto o tamanho do contraponto se altera. Na Figura 2.17, a mesma forma surge a partir de um traço no qual a orientação do contraponto é alterada, enquanto o tamanho do contraponto se mantém igual. No traço mostrado na Figura 2.18, o tamanho e a orientação do contraponto mudam. Esse modelo teórico mostra como o contraponto pode ser alterado sem que a forma do traço evidencie tal mudança.

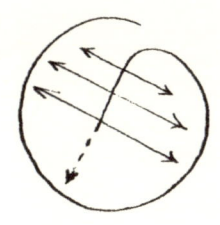

2.19

Na prática, um ponto circular é escrito com um traço conforme o esquema da Figura 2.19. Entretanto, a Figura 2.17 ilustra a rotação de uma ferramenta de entalhe e gravação em pedra.

2.20

Na Figura 2.20, os contrapontos de dois traços chegam a se sobrepor. A forma produzida não permite qualquer conclusão definitiva a respeito do traço. Assim, são as formas pretas do desenho de uma letra (e de tipografias). Elas só podem ser definidas a partir do espaço branco da palavra. Aqui, abordamos o traço apenas em um sentido metafórico.

dixit Dominus ad me

Sume tibi libro
grande et scribe in
eo stilo hominis;
Velociter spolia de-
trahe cita praedare.

3. A ORIENTAÇÃO DA FRONTE

Na Figura 3.1, as direções dos traços são diferentes, mas as direções de seus contrapontos são as mesmas. A orientação de seus contrapontos é a mesma de suas linhas frontais.

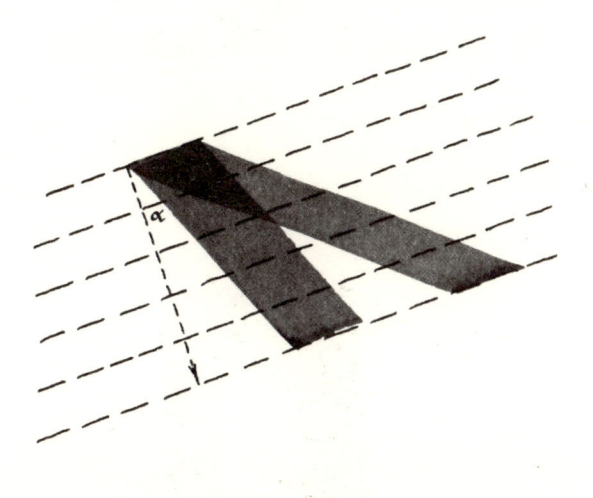

3.1

A direção da fronte é perpendicular à linha frontal. A direção do traço não é, consequentemente, a direção da fronte. Na Figura 3.2, a direção do traço em seu final é perpendicular à direção da fronte. Nesse caso, a fronte é fixa enquanto o traço avança. O movimento do traço não coincide necessariamente com o movimento da fronte. (A velocidade da fronte é igual à velocidade do traço multiplicada pelo cosseno do ângulo entre a direção da fronte e a direção do traço. Na Figura 3.1, esse ângulo é a.) No fim do traço, a pena é suspensa e posicionada para o traço seguinte, trazendo consigo uma nova fronte (Figura 3.3).

O traço da Figura 3.4 se curva na direção da linha frontal. A fronte chega a um ponto final. Porém, o traço se curva ainda mais e a fronte é posta em movimento novamente, agora em direção oposta.

3.2

3.3

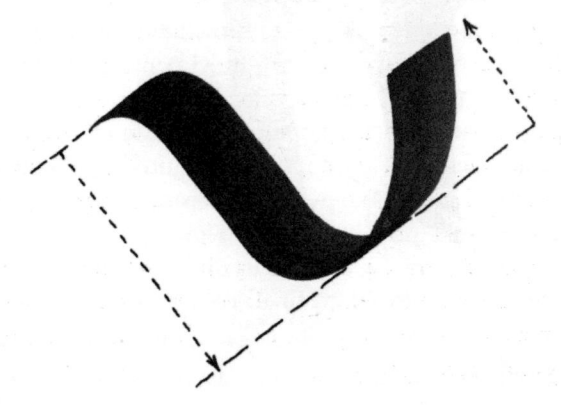

3.4

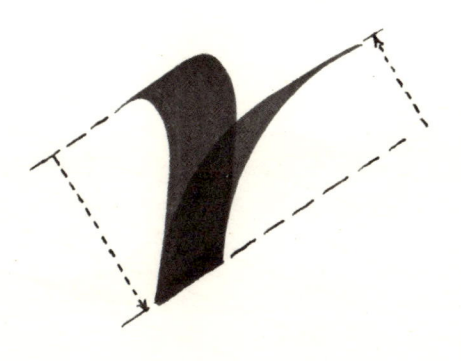

3.5

Na Figura 3.5, o traço rebate abruptamente. Na letra da Figura 3.6, a fronte se move adiante e retorna. Enquanto o traço não tiver uma rotação, a fronte se move por uma área delimitada por linhas paralelas (a translação da linha frontal). Quando a rotação estiver em jogo, a fronte se dispersará em várias direções.

A princípio, existem duas possibilidades: para todos os traços de uma escrita, a fronte tanto se move em uma única direção (o que eu chamo de construção interrompida) como há traços nos quais a fronte inverte a sua direção e volta (a isso, chamo de *construção reversiva*).

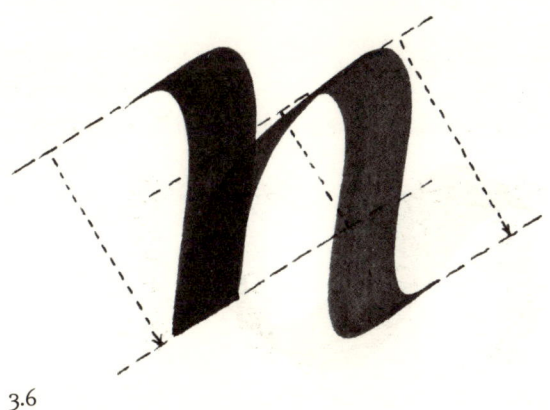

3.6

Na escrita manual, um traço no qual o escritor desenha a fronte na direção da sua mão é chamado de *traço descendente* e a parte do traço cuja fronte volta na direção contrária é chamada de *traço ascendente*[2]. Além da escrita manual, não há traços descendentes ou ascendentes, mas habitualmente é possível usar esses termos como uma maneira de falar. A construção interrompida consiste, portanto, apenas de traços descendentes e uma construção contínua possui traços ascendentes que se ligam a traços descendentes. Em um computador, a fronte teria de ser identificada, pois o computador não é capaz de alcançar a representação da mão ao fazer traços que sobem ou descem.

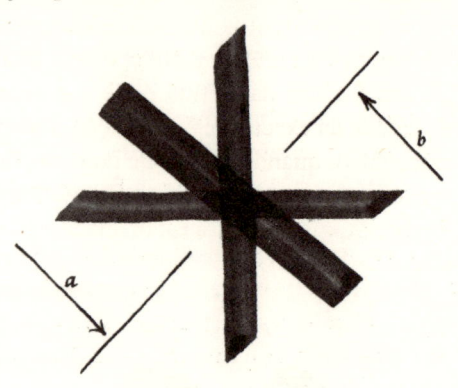

3.7

A linha frontal da Figura 3.7 marca o fim de todos os traços. Os traços cujas frontes se movem na direção *a* são descendentes, e os traços cujas frontes se movem na direção *b* são ascendentes.

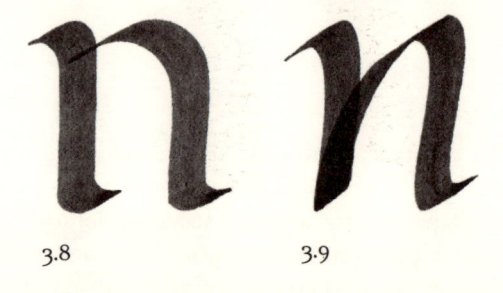

3.8   3.9

---

2 Refere-se à direção do movimento que o traço executa. Não confundir com hastes ascendentes e descendentes, ou seja, as partes das letras minúsculas que se projetam acima da linha-de-x, como em b, d, f, h, k, l (ascendentes), e abaixo da linha de base, como em g, j, p, q, y (descendentes). (NT)

Todas as culturas conhecem um tipo de construção interrompida (Figura 3.8), assim como uma construção reversiva (Figura 3.9). Na escrita japonesa, por exemplo, *Kaisho* é interrompida e *Gyousho* é reversiva. Isso não se deve a um complô secreto, mas sim aos irreconciliáveis ideais humanos. Uma construção reversiva pode ser executada mais rapidamente (com um estilo 'corrido') do que uma construção interrompida, mas esta é mais fácil de manter o controle do traço. Além disso, existem combinações de materiais e equipamentos que não são apropriados à formação de traços ascendentes. Na construção reversiva, a *articulação* das formas das letras pode ser sacrificada a favor da velocidade da execução. Articulação e *velocidade* são conceitos antagônicos quando se trata do desenvolvimento da escrita. A construção reversiva é uma característica da escrita informal, embora também possa estar relacionada a articulações notáveis.

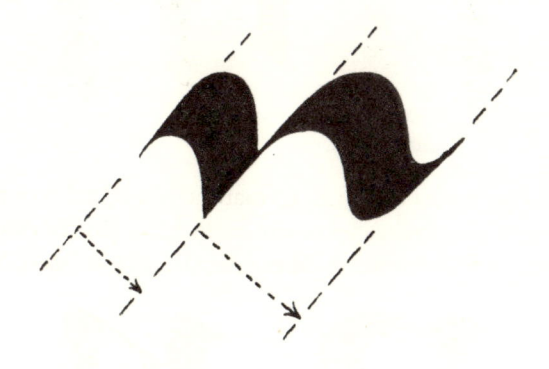

3.10

Se for executada com uma velocidade excessiva, a construção reversiva se aniquila. Na Figura 3.10, a fronte não tem tempo para retroceder. O traço ascendente se degenera em seu deslocamento lateral, após o qual o movimento da fronte prossegue. Essa escrita rápida é refinada nas cursivas dos maneiristas neerlandeses. Ainda mais rápida, a fronte não é mais interrompida e tudo o que resta da escrita é uma linha ondulante.

Na escrita ocidental, a construção interrompida é representada pelas romanas[3] (Figura 3.8). Em oposição às romanas, estão as cursivas (Figura 3.9). As cursivas são descendentes da construção reversiva, mas o aspecto formal (articulado) das cursivas é frequentemente interrompido. As cursivas reversivas e as interrompidas diferem no modo como suas hastes estão ligadas. Se na construção reversiva um traço ascendente de ligação fluir do grosso para o fino (Figura 3.11), a mesma conexão numa construção interrompida flui do fino ao grosso (Figura 3.12) e vice-versa.

A construção reversiva é a força mais importante no desenvolvimento da escrita, mas o aumento da velocidade ou uma articulação muito marcante pode ser a sua ruína.

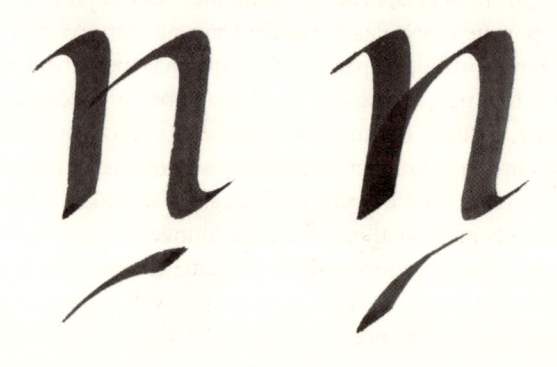

3.11   3.12

---

3 Romanas referem-se às letras postadas na vertical, em oposição às itálicas ou oblíquas. O termo também é relacionado às letras serifadas com origem nas Capitalis Monumentalis romanas. (NT)

Na linguagem, as palavras constroem sentenças e palavras escritas formam linhas. Por si só, a palavra escrita não significa nada. Enquanto estiver no universo da escrita, o significado das palavras não é um problema. Mas no momento em que eu me envolver com o significado delas, então terei de me preocupar com a linguagem. Quando uma criança aprende a ler, aprende a conectar palavras escritas com as palavras do idioma. Os problemas associados a isso costumam ser vistos exclusivamente como um problema de linguagem: a criança não entende o que está escrito. No final, sempre resultará nisso, mas se não conseguirmos ver o que está escrito, não haverá nada para entender. Uma criança que não consegue distinguir uma palavra adequadamente, nunca aprenderá a ler bem, porque as escolas se concentram na compreensão. Isso é de pouca utilidade para aquelas que não percebem muito bem e a educação escolar não atua sobre a percepção. Na verdade, baseada na imagem da palavra como uma linha de letras em uma sequência específica, a escola trilha o caminho de uma ideia clara da palavra escrita. Desse modo, a leitura é substituída pelo cálculo: coloque os números 1, 2, 3 na ordem correta. Considerando-a objetivamente, a sequência 3, 2, 1 é equivalente à sequência 1, 2, 3, mas essa explicação está errada porque nas escolas prevalece apenas a perspectiva subjetiva, na qual esquerda é sempre esquerda e direita é sempre direita. Com crianças mais curiosas e conscientes de que as coisas podem ser diferentes, a escola não sabe como agir.

A palavra é composta de formas, brancas e pretas, as quais constituem uma unidade rítmica. Se o ritmo for fraco, a formação da palavra é pobre; se o ritmo estiver ausente, não há palavra, mesmo se as letras estiverem dispostas sobre o papel na sequência apropriada.

Na linguagem falada no dia a dia, ritmo significa regularidade em intervalos de tempo. Os intervalos não são exatamente iguais em tamanho e formas, mas são iguais em valor. Na escrita, ritmo não é uma estrutura temporal, mas uma questão espacial – os intervalos possuem extensão e respiração.

As partes pretas entre os intervalos brancos podem ser similares, mas devem ser equivalentes, iguais em valor; caso contrário, o ritmo seria quebrado. Quando os intervalos de um conjunto rítmico são separados por figuras mutuamente discrepantes, elas próprias são intervalos do conjunto rítmico. A conexão rítmica das formas brancas numa palavra é a limitação do ritmo das formas pretas e vice-versa. As formas pretas da escrita são determinadas e reguladas letra por letra, e o contraponto é facilmente controlado. As formas brancas são constituídas somente pela combinação de letras; não há uma simples medida de seu tamanho, e derivam quase incidentalmente dos traços pretos que requerem tanta atenção. É por essa razão que dou tanta ênfase às formas brancas de uma palavra.

dum dum dum dum

4.1

A Figura 4.1 analisa na prática a importância do ritmo. Em 1, as letras são mais largas que em 3 – o branco interno é menor em 3 – consequentemente, os brancos entre as letras devem ser menores também. Em 2, os brancos que são rodeados pelos traços de cada letra também são menores do que em 1 porque os traços são mais pesados. Por essa razão, as letras em 2 também estão mais próximas uma das outras do que em 1. Se eu quiser deixar os espaços entre as letras o menor possível, a forma branca de dentro das letras também deve ser a menor possível. Em 4, sigo nessa direção com letras estreitas e um traço pesado. A Figura 4.1 procura dar uma imagem harmoniosa às palavras. Essas imagens mostram como as palavras deveriam ser, o que não é um bom ponto de partida para uma demonstração convincente. Na Figura 4.2, interferi no arranjo das letras. Esse exemplo possui um efeito mais impressionante. Em todos os casos, a imagem da palavra está desarrumada. Em 1 e 2, os espaços apertados entre as letras rompem com elas (a haste do *d* está mais relacionada à primeira haste do *u* do que com o bojo do *d*); em 3 e 4, o espaço entre as letras muito aberto em relação ao espaço interno das letras muito fechado isola as letras e desequilibra todo o ritmo da palavra. Em 1 e 2, as letras parecem largas demais, em 3 e 4, parecem estreitas demais. Em 3 e 4, a palavra tornou-se uma linha de letras sem relação entre si; em 1 e 2, o caos é ainda maior porque as próprias letras foram corrompidas.

1 dum   2 dum

3 dum   4 dum

4.2

A condição para aquilo que chamamos de leitura é a palavra. Isso é fácil de entender. Basta imaginar um jornal ou um livro composto inteiramente com letras maiúsculas. Quando as maiúsculas estão bem compostas, as distâncias entre as letras são equivalentes, mas a grande diferença na quantidade de branco dentro das letras dificulta uma boa imagem da palavra. Na melhor das hipóteses, as maiúsculas configuram uma bela linha de letras (Figura 5.1). A forma branca interna do *D* está repetida no *B*, só que muito menor, pois no *B* duas formas devem se acomodar na mesma altura do *D*. O espaço branco entre as letras não pode ser simultaneamente idêntico ao branco do *D* e ao branco do *B*. Os fundamentos para uma coesão rítmica não se aplicam às maiúsculas. Maiúsculas, ou versais, precisam ser distribuídas por um espaço de tal maneira que as diferenças das formas interiores não incomodem. Isso requer uma boa quantidade de espaço entre as letras e pouco espaço entre as linhas. Um texto composto em maiúsculas não é constituído apenas por linhas e palavras, mas de letras.

5.1

5.2

Nas minúsculas, isso é diferente (Figura 5.2). As formas internas do *m* consistem em uma repetição das formas internas do *h*, entre outras. Entretanto, essas formas não estão empilhadas uma sobre as outras, mas lado a lado e assim podem ser equivalentes. Por isso, as minúsculas são aptas a uma coesão rítmica. Mas isso ainda não é suficiente. Imagine, novamente, um jornal ou um livro composto completamente por linhas de texto em que o encadeamento rítmico não é perturbado pelos espaços entre as palavras. Isso praticamente inviabilizaria a leitura. Por isso, a invenção da leitura reside na interrupção da integridade rítmica de uma linha de texto. O mínimo distúrbio do ritmo parece ser suficiente para que as palavras sejam distinguíveis como unidades rítmicas. Algo simples assim é, de fato, uma criação, porque só é simples quando analisamos seu passado. É quase óbvio que perturbar o ritmo amplia a acessibilidade de um texto (minúsculas) que deve as suas formas ao fluxo rítmico da linha. Depois da invenção semítica do alfabeto, a palavra é a invenção mais importante que eu conheço. A palavra – e com ela, a leitura – é o que viabilizou a civilização ocidental. Quero fazer um balanço desse marco histórico da civilização, mas não encontrei referências disso nos livros de História ou no *corpus* paleográfico. Mesmo na literatura histórico-cultural, o conceito da palavra não é sequer mencionado. Tive de buscar pela invenção da palavra por conta própria, a partir de reproduções de manuscritos antigos. Então, se a datação desses manuscritos e a identidade de suas origens forem confiáveis, a palavra parece ter sido inventada na primeira metade do século VII, na Irlanda.

No século VI, não ocorre a separação sistemática de palavras. Interrupções, que se assemelham a palavras separadas, surgem para marcar o fim de uma sentença ou frase. Enquanto no século IX a separação das palavras já era uma regra estabelecida, no século anterior a noção de palavra iria aparecer apenas nos *scriptoria*[4], estabelecidos no despertar da missão irlandesa anglo-saxã[5]. Antes disso, estava limitada aos livros escritos na Irlanda e na Inglaterra, e os manuscritos mais antigos que mostram sistematicamente imagens de palavras são todos irlandeses, datados do início do século VII.

---

4 Sala conjugada à biblioteca em mosteiros da Idade Média onde se copiavam, escreviam ou se ilustravam livros, manuscritos e documentos. (NT)
5 Campanha de cristianização promovida pelos reinos anglo-saxões, iniciada no século VII. (NT)

Esse é o relatório completo de minha pesquisa a respeito da origem da palavra. Minha conclusão não vai muito além de uma suposição. Tenho pouco conhecimento sobre manuscritos; simplesmente confiei nas legendas das reproduções que comparei. Pesquisas sobre as origens da palavra ainda estão por começar. Eu criei o meu inventor irlandês, mas ele é suficientemente real para eu perguntar-lhe como ele teve tal ideia. Ele parece querer dizer que a separação de sentenças com uma sutil alteração no ritmo o inspirou. Talvez erros, do tipo que todo escritor comete ao transcrever um texto, também o influenciaram. Eu ainda gostaria de fazer outra pergunta a esse colega que eu mesmo criei, mas dessa vez ele não respondeu: no século VII, a cristianização na Europa começa na Irlanda. Às vezes, os missionários empunhavam espadas, mas também tinham à sua disposição uma nova e eficiente arma, a palavra. O processo de islamização do norte da África começou no século VII pela Arábia. Esses missionários brandiam seus sabres de modo mais evidente, mas uma leitura cuidadosa do Sunna sugere que a verdadeira religião possui outra arma poderosa, a palavra. Desde seus primórdios, a escrita árabe tem revelado uma tendência às ligaturas, ou seja, letras com traços em comum, da mesma maneira que ocorre na escrita ocidental (Figura 5.3).

5.3

Ligaturas simplificam os padrões dos traços e, na maioria das vezes, funcionam em benefício da imagem da palavra. Entretanto, no século VII as ligaturas se tornaram uma regra na escrita árabe; com poucas exceções, uma palavra é uma ligatura. O princípio árabe que rege a ligação das letras em uma palavra com traços pretos é o oposto das palavras no Ocidente, que estão fundamentadas na coesão das formas brancas, mas essa correlação ainda existe. No século VII, uma cultura em expansão se aproveitou de uma nova maneira de escrever na qual as palavras são separadas. A questão se os árabes e irlandeses se conheciam foi levantada antes – a ornamentação na arte irlandesa foi o motivo. Mas tenho a impressão de que a questão é mencionada na literatura histórica da arte apenas como um curioso exemplo de pura especulação. O meu questionamento pode estar sujeito a ter o mesmo destino. Não o cito aqui apenas para lhe dar algum *status*, mas para acentuar a importância que atribuo à invenção da palavra.

Em geral, as ciências são propensas a ignorar tudo que pareça claro à vista de todos; o estranho e o difícil de compreender de forma evidente têm um fascínio maior. No fim, restou apenas um pequeno espaço vazio no mapa, o espaço que ocupamos. As ligaturas árabes não têm a atenção da ciência ocidental, mas os fundamentos da escrita ocidental permaneceram intocados. Não me importo como será a resposta à minha pergunta. O que interessa é essa resposta só poder ser dada por alguém que tenha considerado primeiramente a escrita ocidental.

É possível que eu tenha dado a impressão de que a criação da palavra é um improvável hiato na história da escrita. Quero reparar isso, a história da escrita não existe. Existe algo que é chamado por esse nome, mas não é aquilo que afirma ser. Considere o que vem a seguir.

Primeiramente, a escrita é logográfica – cada sinal (A, por exemplo) representa uma palavra. Depois disso, a escrita torna-se silábica – cada sinal (A, por exemplo) representa uma sílaba. Finalmente, a escrita é fonética – cada sinal (A, por exemplo) representa um som. O A não é posto em questão nessa história. Essas mudanças não estão citadas, mas sim o significado que está agregado ao sinal. Se o sinal fosse alterado, essa mudança não seria do interesse da história da escrita, como é conhecida. A chamada história da escrita não é exatamente o que pretende ser, mas é uma esquematização da evolução da ortografia. O esquema é imperfeito; se as regras para a representação das palavras podem ser consideradas fonéticas, dependem das regras estabelecidas para um idioma específico. A ortografia correntemente usada na Malásia é muito mais fonética que a ortografia inglesa. Some-se a isso que o esquema é fortemente tendencioso a quem escreve. Um malaio pode acreditar que está escrevendo foneticamente, mas ele não lê foneticamente, porque todas as civilizações ocidentais leem pelo reconhecimento de uma ou mais palavras de uma só vez como sinais de palavras léxicas, de modo que o leitor utiliza a escrita ocidental logograficamente, e isso só é possível se o escritor elaborar palavras rítmicas. A ortografia é adaptada à escrita, mas a ortografia não é a escrita e a história da ortografia é outro assunto, diferente da escrita. Como visto, eu não a conheço, pois a história da escrita ainda está por ser estudada.

6. A CONSOLIDAÇÃO DA PALAVRA

A invenção da palavra surge no início do desenvolvimento daquilo que, decididamente, chamamos de medieval. Entretanto, algo deve ser dito para se considerar essa invenção como o começo da Idade Média. Nesse sentido, o período se estende dos anos 600 aos 1500, aproximadamente. Também poderia considerar a introdução das minúsculas nesse mesmo período, mas eu não saberia o que considerar como já pertencente ou não à Idade Média, porque, diferentemente da imagem da palavra, as minúsculas não caíram do céu. A qualidade medieval das minúsculas – seu ritmo – já está presente nas semiunciais e, isoladamente, esse nome sugere que as formas manuscritas não são fáceis de delimitar. As minúsculas estão diretamente inseridas no desenvolvimento da escrita romana. Se essa peça de antiguidade já deve ser considerada como parte da escrita medieval, então por que as unciais também não? Um esquema histórico-cultural é apenas um esquema, mas se pretende ser útil, apesar de ainda ser um esboço, ele deve ser de fácil compreensão. Eu gostaria de abordar isso mais adiante em apoio à minha proposição de tomar o começo da Idade Média no momento em que a civilização antiga é resgatada mais fortalecida pelos irlandeses. A herança semítica recebe um novo impulso que dá à civilização um novo personagem, a civilização ocidental. A Idade Média começa com a invenção da palavra e chega ao fim com a invenção da tipografia. Meu esquema tem três pontos decisivos:

1. O alfabeto
   (escrita semítica)
2. A palavra
   (escrita ocidental)
3. A tipografia

Aqui, a tipografia é entendida como a escrita com letras pré-fabricadas.

A Idade Média é um período visto com preconceito. Se pensarmos em termos de uma era sombria, na qual a herança de uma civilização clássica é encoberta pela estupidez e por superstições que nossa clareza de visão finalmente baniu, então tudo o que podemos fazer é rever carinhosamente o esplendor primitivo da escrita medieval. Estivesse eu investido da percepção de que, com muito menos tempo disponível do que nós (não estendido, ou seja, pela luz artificial), esses indivíduos dominavam suas técnicas em um nível que hoje consideramos irrealizável, então a minha Idade Média seria diferente daquela 'Idade Média obscura' citada nos livros. Nessa minha Idade Média, os momentos mais importantes da civilização ocidental – a invenção da leitura e da tipografia – têm seus méritos reconhecidos. E, para mim, o estilo ocidental de leitura é tão diferente da ortografia antiga que me faz entender a invenção medieval da palavra, se não for a invenção da própria civilização ocidental, como um processo ainda em seus primórdios. Minha confiança está amparada pelo respeito ao meu colega medieval. A riqueza da escrita medieval não é simplificada pelo meu esquema, mas agora posso ao menos indicar o caminho que ela percorre: a Idade Média é o período durante o qual o desenvolvimento da escrita está direcionado à consolidação da palavra. A Idade Média chega ao fim no momento em que a civilização ocidental se torna receptiva à propaganda humanista, que deseja o retorno da imagem da palavra solta do início da Idade Média.

Toda mudança (repentina ou gradual) que atribui maior ênfase ao vínculo rítmico das formas brancas de uma palavra é considerada uma consolidação da palavra. Isso corresponde a uma redução do branco. No caso das letras de texto (cuja forma tardia é chamada de Textura ou *Textualis*), esse processo segue os princípios mostrados na Figura 4.1. Os exemplos a seguir mostram a redução sem recorrer às verdadeiras formas medievais propriamente ditas.

Figura 6.1: O uso de traços leves em letras largas produz formas internas maiores. Para um equilíbrio rítmico, formas amplas entre as letras são necessárias. A imagem da palavra é etérea.

qualibus literis

Na Figura 6.2, o traço é mais pesado. Menos branco permanece nas letras. O equilíbrio é obtido pela redução das formas entre letras. A imagem da palavra torna-se mais compacta.

qualibus literis

6.2

Na Figura 6.3, as letras estão ainda mais próximas umas das outras. Com letras da mesma altura, como nas figuras anteriores, as formas internas podem ser acomodadas para reduzir as formas entre letras apenas pelo seu estreitamento.

qualibus literis

6.3

Mais pode ser dito sobre a Idade Média, mas isso não acrescenta ou se desvirtua desse princípio. Os escribas medievais posicionavam suas letras cada vez mais apertadas. Para manter o ritmo intacto, faziam as formas internas das letras ainda menores. Consequentemente, as letras de texto tornavam-se mais estreitas. Esses são os princípios que elucidam a evolução da escrita medieval. O motivo que levou a essas mudanças é uma questão em aberto. Considero como certo que esse escritor medieval estava ciente da importância da imagem da palavra. Tudo o que pudesse fortalecer a imagem da palavra era visto como algo que podia elevar a qualidade de seu trabalho. Para qualquer um que tenha a noção da importância da leitura e da escrita, eu consideraria esta como uma explicação plausível. Mesmo feliz com sua capacidade

visio Isaiae filii Amos quam
vidit super Iudam et Hieru-
salem in diebus Oziae Iotham
Ahaz Ezechiae regum Iuda.
  audite caeli et auribus percipe
terrae quoniam Dominus locu-
tus est:

filios enutrivi et exaltavi ipsi
autem spreverunt me.
  cognovit bos possessorum suum
et asinus praesepe domini sui Isra-
hel non cognovit populus meus
non intellexit.   Isaias 1:1-3

de ler e escrever, meu colega medieval assentou os fundamentos para uma sociedade que sonhou com um futuro abençoado em que todas as pessoas eram iletradas. Com sua invenção da tipografia, o escriba medieval nos libertou da necessidade de escrever bem, e isso nos afastou da palavra. E, ao final, sua perseguição por um ritmo perfeito se dispersou na uniformidade, porque o estreitamento das letras resultou em formas interiores que não eram apenas equivalentes, tornaram-se idênticas, e os humanistas puderam chamá-las, justificadamente, de góticas – bárbaras.

6.4

As letras em textos medievais tardios eram, sem exceção, escritas utilizando uma construção interrompida, mas as minúsculas eram originalmente uma escrita contínua (construção reversiva) (Figura 6.4). Os traços ascendentes são visíveis nos triângulos que eu escureci nesse exemplo. Na Figura 6.5, escureci exatamente os mesmos triângulos, mas aqui as partes dos traços ascendentes foram engolidas por um traço mais largo. A diferença entre uma construção reversiva do exemplo 6.5 e da construção interrompida do exemplo

6.5

6.6 não está visível na forma da letra. Quando adotamos a construção interrompida, a letra pode adquirir remates que acentuam os terminais das hastes, mas esses remates são

6.6

detalhes dos quais nenhuma conclusão precipitada pode ser tomada (Figura 6.6). Esse é o protótipo da Textura. Se essa letra fosse mais estreita, a diferença entre as curvas e os remates seria muito pequena (Figura 6.7). A letra não seria

6.7

mais reconhecível como um *m*, o que poderia ser corrigido com um traço inverso de remate nos pés das hastes (Figura 6.8). Esse é o ponto extremo de escurecimento da Textura. O ponto de partida dessa evolução é a preservação dos arcos

6.8

nas letras. O arco pode ser concebido como um paralelogramo curvado (Figura 6.9). Dados um contraponto maior e
uma extensão menor, o paralelogramo se aproxima de um
losango (Figura 6.10). Há menos espaço para a curva do arco
vir para a direita, consequentemente o arco fica achatado.

6.9

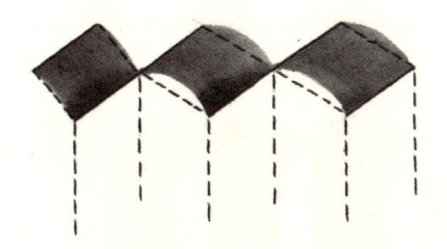

6.10

Partindo dessa consideração, a alternativa é a preservação dos traços ascendentes (como na construção contínua).
Contanto que os traços ascendentes se curvem o bastante,
permanecerão visíveis, apesar do contraponto maior (Figura
6.11). Mas agora não há espaço para o arco. A opção para a
Textura é uma concepção diferente de forma. Esse tipo de
forma é chamada de cursiva.

6.11

mín mín

ne dicas quid putas causae est
quod priora tempora meliora
fuere quam nunc sunt/ stulta
est enim huius cemodi interrogatio.
Ecclesiastes 7:10

Um manuscrito do século VIII, com uma discreta carência de imagens de palavras, pode ser posto à mesa com a seguinte pergunta: onde ele foi escrito? Mesmo sem vê-lo, estou quase certo de que a resposta seria na Itália. Quanto mais tardio for o manuscrito, maiores as chances de a resposta estar correta. Se fosse no início daquele século, ele poderia ter sido o caso de um manuscrito oriundo de outra região da Europa, ainda não impregnada pela civilização irlandesa anglo-saxã. A Itália ficou defasada, como ocorreu ao longo da Idade Média. A consolidação da palavra nunca trilhou seu caminho para o outro lado dos Alpes. Contudo, os italianos adotaram as formas que essa consolidação deu origem, mas não os traços pesados dos quais as formas derivaram. A cursiva humanística é uma cursiva com um contraponto pequeno (Figura 6.13), e as romanas possuem todas as características da textura, exceto pelos traços pesados (Figura 6.12). Após 400 anos, nos acostumamos com os tipos romanos, mas ainda podemos nos maravilhar com o fato de o remate revertido nos pés da Textura ter sido tão enfaticamente adotado, e não por outra razão que o prestígio da civilização medieval do Ocidente. Na Figura 6.14, mostro uma romana contraposta ao seu modelo gótico, a Textura.

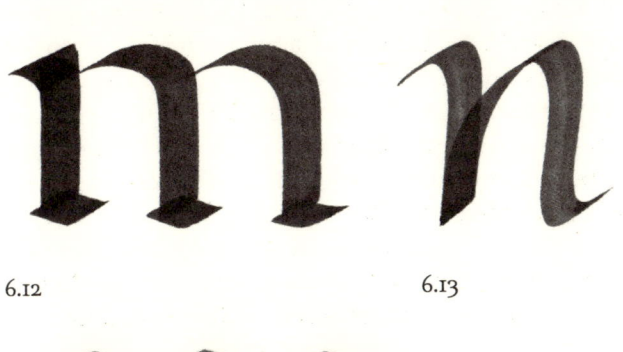

6.12   6.13

6.14

6.15   6.16

A minúscula do início do período medieval mostrada na Figura 6.15 possui um ângulo modesto (< 30°) entre o contraponto e a direção da linha. Na Figura 6.16, a mesma forma está escrita com um ângulo maior (± 45°). Isso posiciona a forma dessa minúscula no terreno das formas cursivas humanísticas. A escrita cursiva não foi refinada até o período final da Idade Média, mas o fenômeno já era nitidamente visível nos manuscritos do século VIII, como no *Livro de Armagh*.

Esses tipos de complicações ocorrem quase em todo lugar. A consolidação da imagem da palavra implica em letras cada vez mais estreitas e traços mais pesados. Esse é o pressuposto geral, mas, para cada escritor, uma letra diferente parece algo normal e cada pena tem uma largura diferente. Aqueles impacientes em conhecer todos os prós e contras do assunto podem ser levados ao desespero face a essas restrições adicionais, mas para a paleografia são essenciais. Constituem a evidência mais importante quando se trata de determinar quantos calígrafos trabalharam em um livro ou quando se trata de traçar as idas e vindas de um escritor peripatético.

De maior interesse ainda são os exemplos em que desvios seguem um padrão evidente. A reversibilidade da translação é um princípio irrefutável.

O traço da escrita ocidental é, a princípio, ponto-simétrico: traços podem ser rotacionados a 180° sem qualquer alteração na posição do escritor em relação ao traço. Ou seja, posso muito bem fazer todos os traços de cabeça para baixo. Com algumas letras, toda a construção é capaz de ser escrita ao contrário: *o, s, l, d, p, u, n, b, q, z*. Mesmo quando essas letras são escritas no sentido invertido ou quando são totalmente viradas ao contrário, elas permanecem letras. A única coisa que muda é seu significado. O significado de *p* ou *d* e o significado de *u* ou *n* não dependem da forma das letras, mas somente da minha posição em relação à forma (Figura 6.17).

6.17

A simetria linear, em que as figuras são imagens espelhadas de si mesmas, surge na escrita ocidental com a expansão. Aqui, o significado de uma letra também pode mudar quando observada ao contrário. Agora, um *d* não é apenas um *p* rotacionado, mas é também um *b* refletido. Conheço o significado daquela forma apenas quando estou certo da minha posição em relação a ela. Essa certeza está ausente em crianças pequenas. O ensino da leitura baseado no reconhecimento do significado das letras ignora a criança. Isso perturba o funcionamento cerebral. Também deveria considerar, como ponto de partida, o espaço em branco da palavra. Mas essa simples proposta pressupõe uma mudança radical na pedagogia, no estudo da escrita e na história da cultura. Além disso, os *designers* de livros pedagógicos também devem ser reeducados.

Nas Figuras 3.11 e 3.12 do capítulo 3, as construções contínua e interrompida são mostradas lado a lado. Numa construção consistente, a cursiva interrompida da Figura 6.19 é a alternativa à construção reversiva da Figura 6.18.

nu nu

6.18   6.19

Tecnicamente, um *u* é um *n* no qual a direção do traço de um é o inverso da direção do traço do outro. Ao rotacionar a letra em 180°, a direção do traço pode permanecer inalterada. Para o leitor, essa diferença é carregada de simbolismo. Como o simbolismo atua, eu não sei. Essa diferença não é totalmente racional. Ela poderia até não ter surgido se pudéssemos nos lembrar de que houve um tempo em que podíamos 'ler' nossos livros de figuras de cabeça para baixo sem problemas. Mas racional ou não, a sensação de uma diferença existe. Até tem forçado seu sentido na literatura profissional, a qual antecipa a 'descoberta' de que, na verdade, lemos o topo das linhas (ou a parte inferior) e, consequentemente, os *designers* de letras devem ter uma atenção especial com a parte superior de suas letras (ou a parte inferior). Nesse ponto, a diferença que não é inteiramente racional começa a beirar a falta de sentido. Ninguém ainda argumentou contra a força da distinção irracional entre a parte de cima e a de baixo. Compreender essa distinção cria novas alternativas para a escrita de cursivas como nas Figuras 6.18 e 6.19.

nu nu

6.20   6.21

Na Figura 6.20, uma construção reversiva ocorre apenas quando o traço ascendente se curva no sentido horário. Na Figura 6.21, os traços ascendentes que seguem o sentido anti-horário são os únicos desse tipo que foram escritos. As diferenças entre os quatro estilos de escrita ficam evidentes no momento em que percebemos as suas construções. Essas diferenças ainda ocorrem em manuscritos com a intenção de ter a mesma aparência, um exemplo disso são os casos em que vários calígrafos trabalharam na mesma obra. Às vezes, penso que os calígrafos antigos não eram cientes da construção. Mas encontro as mesmas diferenças inconscientes no trabalho de estudantes que são preparados para analisar completamente a construção de uma escrita. A construção inconsistente é uma peculiaridade individual do escritor, não da escrita. Isso é de grande importância para a paleografia, mas relativiza meu forte argumento sobre os princípios que levam à diferença entre as romanas e as cursivas. O padrão constante nessa delicada matéria é a consistência das inconsistências. Eu ainda tenho de ver um manuscrito no qual as construções das Figuras 6.18, 6.19, 6.20 e 6.21 são empregadas alternadamente pelo mesmo escriba, e acredito não existir tal manuscrito. No máximo, posso imaginar um manuscrito iniciado com as melhores intenções no que diz respeito a um princípio específico e que o calígrafo cede ao seu próprio padrão quando atinge ritmo e velocidade.

A riqueza de formas na escrita medieval tardia é, em grande parte, devida a um tipo de construção que ainda não havia sido tratada, a Bastarda. Hesito em chamar a Bastarda como um estilo de escrita. Ao considera-la como tal, preciso acrescentar que as várias fases de seu desenvolvimento foram usadas simultaneamente por tempo suficiente para se apresentar como estilos de escritas distintos. Até possuem nomes diferentes, como Bastarda francesa, 'Lettre Bourguignonne', Bastarda neerlandesa e Fraktur, mas esses nomes revelam que se trata de variações regionais de um princípio em comum. Fraktur é alemã, e a Bastarda burgúndia é de Flandres, no sul da Neerlândia. A literatura erudita, por causa da tradicional separação entre a história da impressão e a história da escrita manual, sofre da ausência de qualquer tentativa de uma descrição abrangente da Bastarda. A Fraktur é deixada em suspensão no ar. Na busca pelo fundamento, deixo de lado esse tabu.

Ecce ego facia nova
et nunc orientur
utique cognoscetis
ea / ponam in deser-
tio via et in invio
flumina ISAIAS 43:19

As cursivas dos manuscritos franceses do início do século XIV exibem um *r* extravagante ou um *a* esquisito, ou ambos. A Figura 6.23 mostra esses desvios comparados a uma construção cursiva mais apropriada (Figura 6.22). Desde o início, escritas cursivas com essas letras divergentes eram chamadas de Bastarda.

arum   *arum*

6.22   6.23

As construções (Figuras 6.23 e 6.25) mostram um típico traço inverso entre um traço ascendente e outro descendente. A linha mestra dos traços faz um triângulo. O traço inverso na construção reversiva (ou a simulação disso na construção interrompida) é a característica que define aquilo que chamo de Bastarda. Esse traço inverso separa o traço ascendente do descendente. Eles podem estar curvados um contra o outro, mas sempre permanece algo de pesado nos traços que deturpa ligeiramente o ritmo das formas pretas. Os teóricos da Bastarda, Jan van den Velde e Johann Neudörffer, atribuem ao engrossamento uma presença enfática em seus virtuosos exemplos, é a qualidade inerente dessa abordagem.

6.24   6.25

O traço inverso é uma complicação para o calígrafo. Portanto, deve haver algo que justifique tal esforço, especialmente no início, pois mais tarde ele pôde ficar mais seguro com a certeza de que aqueles traços pertenciam àquela construção e todos a aceitariam. Na Figura 6.22, escrevi a cursiva de uma maneira em que a Bastarda representa um avanço. O espaço existente sob o *r* abre um buraco na palavra, o que é minimizado pelo traço inverso. Some-se a isso que o topo da cursiva *a* tem um traço ascendente como começo, o que não é tecnicamente favorável. Na Bastarda, o *a* começa como um *o*, que é completado com um traço descendente incorporando uma ponte. Talvez eu esteja vendo muita coisa nisso, e que o traço inverso do *a* foi emprestado do *r*. Digo isso porque o *r* se assemelha ao *a*, uma semelhança que apenas se mantém se a diferença entre a parte de cima e a de baixo não tiver significado. E dadas as Figuras 6.20 e 6.21, não estou tão certo sobre isso.

arum   **arum**

6.26   6.27

A Bastarda burgúndia é uma fase subsequente na qual todas as letras com um traço ascendente têm um traço inverso (Figura 6.26). Isso claramente tem relação com a estética. A Bastarda começa a se parecer com a Textura (Figura 6.27). Apesar de uma forma própria da construção contínua (a cursiva) ser escrita com elevações – ou interrompida – para criar uma cursiva 'mais bonita', parece que a Bastarda é uma tentativa de aproximar a articulação de um estilo interrompido (a Textura) com uma construção contínua. Isso é ainda mais válido para a Bastarda esticada supostamente colocada em circulação por Jaquemaart Pilavaine, que trabalhou em Bergen, Noruega, por volta de 1450 (Figura 6.28).

Em livros de caligrafia do século XVII, a letra alta é chamada de Bastarda neerlandesa, mas também de Fraktur, porque não há diferenças entre o estilo neerlandês e a Fraktur alemã. A Fraktur alemã aparece pela primeira vez em um livro de orações em latim, que Maximiliano mandou imprimir em Augsburg, enviando juntamente um modelo para os tipos. O modelo nunca foi recuperado, mas esse imperador era o duque da Borgonha e conde de Flandres. Quando ele deu sua autorização, estava em Bruges, o centro burgúndio da produção de manuscritos. Consequentemente, não causou surpresa que, além das ascendentes, a nova letra tipográfica germânica fosse idêntica ao estilo burgúndio. A escrita alemã vem da Bélgica.

6.28

Em muitos casos, torna-se difícil decidir se uma escrita é uma cursiva comum ou uma Bastarda, especialmente se as formas se apresentam em uma construção interrompida. Talvez o topo do *a* seja um critério a ser trabalhado. Se a cursiva (Figura 6.29) tem um topo, este é um traço ascendente, escrito da direita para a esquerda. Na Bastarda (Figura 6.30), o topo é um traço descendente, escrito da esquerda para a direita.

6.29   6.30

videte qualibus literis *scripsi vobis* mea manu Gal.6:11

7. A GRANDE RUPTURA

O que distingue um lorde burgúndio de um humanista? Em *O outono da Idade Média*, Johan Huizinga responde: 'Carlos, o Audaz, ainda lê seus clássicos em traduções'. Provavelmente essa resposta diz mais sobre a diferença entre um nobre e um erudito do que a suposta diferença entre a Idade Média e a Renascença. O próprio Huizinga não pode reconhecer claramente a distinção entre autores italianos e burgúndios. As diferenças de entonação que ele aponta são substancialmente mais modestas do que as diferenças que existem no caráter nacional, ou do que somos levados a acreditar, no outro lado dos Alpes. Há algo pairando no ar do final do século XV, mas isso não se materializa. Huizinga deseja ilustrar a lúcida simplicidade da Renascença, mas se depara, precisamente na imitação dos italianos, apenas com um 'inchaço extremo' e um Maneirismo bombástico ainda maior do que na sua extravagante Idade Média. Após o outono medieval, Huizinga espera a primavera chegar à Renascença, mas ele espera demais. Quando a sua Idade Média acaba, a Renascença também já havia terminado. O novo fenômeno que o desnorteia não são os sinais incompreensíveis de um renascimento que lentamente se aproxima, mas as típicas expressões do Maneirismo. Ele sabia que não podia acreditar que a Idade Média é a Renascença. Não se deve crer numa coisa dessas, mas não resta outra opção a Huizinga do que afirmar que o ideal da cultura cavalheiresca francesa é um ideal renascentista. E quando ele descreve a sua quintessencial figura medieval, Carlos, o Audaz, sua conclusão chega como uma confissão: 'Esta autoconsciência do *savoir-vivre* é, na verdade, apesar das formas rígidas e ingênuas, completamente renascentista. Esta é [...] a propriedade mais característica do homem renascentista de Burckhart'. No entanto, na última página do livro, depois que tudo isso passou definitivamente, Huizinga ainda aguarda por um bom vento fresco que irá purificar os ares. É bom que ele pare por ali mesmo, porque quando o Maneirismo toma seu curso, o que permanece é uma autossuficiência burguesa da qual apenas o nome é fresco, o Iluminismo.

Deposuit potentes
de sede et exaltavit
humiles esurientes
implevit bonus et
divites dimisit
inanes Lucas 1: 52,53

Os apóstolos do Iluminismo tinham revelado a verdadeira forma da antiguidade que havia se perdido de vista na 'era das trevas'. Através desse caminho medieval, eles assentaram uma nova estrada para os fundamentos da civilização. A Figura 7.1 mostra (da esquerda para a direita) formas para a maiúscula *D*: clássica, medieval e classicista. O *D* classicista parece ter reencontrado a pureza da forma clássica que havia se perdido na tolice medieval. A Figura 7.2 é uma esquematização dos traços com os quais as letras da Figura 7.1 foram feitas. Agora, emerge uma nova imagem: na cultura medieval, o princípio clássico está preservado incólume e é o classicismo que se distancia da fundamentação clássica a fim de se direcionar a uma quimera, uma utopia de sua própria autoria, apresentada como a antiguidade original. Isso faz sentido para qualquer um que não tenha um olhar mais atento. A cultura oficial, distanciando-se da cultura autêntica, é baseada nesse truque aos olhos. Esse engodo de querer desesperadamente revestir-se de uma cultura que não é originalmente a sua é um mero passatempo inocente, mas a extensão disso deixa o jogo perigoso, o talento é perseguido e transplantado para uma pseudocultura, a tal ponto em que o abismo entre a sociedade e a chamada 'vida cultural' se tornou a instituição mais poderosa da civilização ocidental.

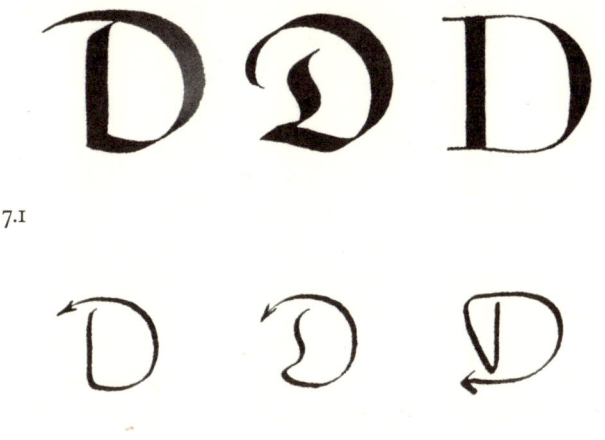

7.1

7.2

Tudo começa como esplendor imponente da dilatação do contraponto. A linha frontal permanece suficientemente definida na porção expandida do traço, mas o contraste depende da sua contraposição com um traço fino no qual a linha frontal faz seu giro ao longo de um contraponto implodido. Mesmo quando o contraste é rejeitado como um ornamento supérfluo, a escrita está completamente sem orientação. Os bárbaros agora podem se manifestar com seus planos de aprimorar o alfabeto e torná-lo mais fácil para as crianças, os computadores e outros iletrados. Digam o que for, adianto que é totalmente verdade, pois a lógica é aniquilada: uma linha pode ser desenhada em qualquer direção através de um ponto, da mesma maneira que uma repetição exaustiva legitima qualquer bobagem.

7.3

A expansão só é possível na porção do traço que se apoia em uma trajetória em ângulo reto em relação ao eixo da pena. Os espessamentos são todos paralelos, contanto que a orientação da pena seja constante. Em qualquer outra área, o traço é fino. Onde o traço é fino, a distinção entre os traços ascendente e descendente perde o sentido. A diferença entre as romanas e cursivas reside apenas na interpretação de uma tradição (Figura 7.3). O traço de uma pena de ponta chata é o único modelo para a pena de ponta fina flexível. Isso se aplica ainda mais às canetas esferográficas.

A diferença tradicional que as formas de algumas letras exibem nas romanas e cursivas também está presente na expansão (Figura 7.4). As romanas requerem alterações na orientação da pena. Nas cursivas, elas podem ser evitadas adaptando-se a forma das letras (Figura 7.5). Não há o menor sentido em perpetuar na escrita tal solução oportunista que não possui traços que engrossam. Os traços curvados no *z* apenas estão ali por causa do contraste. Quando não há contraste, os arabescos não são necessários (Figura 7.6).

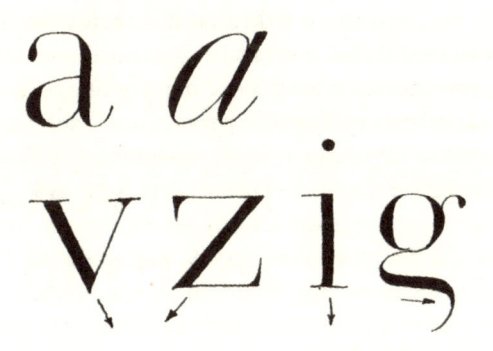

7·4

7·5

7.6

7·7

Um traço reto oblíquo deve ser fechado horizontalmente. O traço é um paralelogramo. A princípio, o traço começa e termina com um filamento cuja curva foi analisada de forma separada em um entalhe (Figura 7.7).

A técnica da pena de ponta flexível é difícil, pois as irregularidades no contraste e a direção dos traços são quase inevitáveis na medida em que tais irregularidades são muito inconvenientes nesses traços, pois sua orientação é mais precisa. A razão mais importante para realizar exercícios de escrita usando a expansão vem da tipografia. Depois que John Baskerville aplicou a expansão em seus tipos para impressão, em meados do século XVIII, isso se tornou o primeiro e único ponto de partida para a definição do contraste nas letras de impressão ao longo do século XX. William Morris e suas almas gêmeas são exceções. Mesmo as *sanserifs* do século XIX, modernas atualmente, são derivadas, pela redução do contraste, da expansão.

Para concluir este capítulo, uma nota sobre o Maneirismo. Não posso apontar o Maneirismo como uma autoevidência do mesmo modo que posso fazer com a antiguidade ou a Idade Média, porque nem todas as obras da história da cultura dão ao Maneirismo um lugar próprio. Na verdade, ainda não me deparei com menções ao Maneirismo nas histórias da escrita. Entendo que a maioria o considera como um declínio da Renascença. Mas não consigo sustentar minhas questões sem o Maneirismo, pois em minha teoria está incorporado o grande momento decisivo da civilização ocidental. Portanto, indicarei rapidamente o que entendo por Maneirismo.

Por volta de 1500, a imagem do mundo clássico sofre inquietações em todas as frentes: astronômicas (Copérnico), geográficas (Colombo), políticas (os turcos) e teológicas (Luther). Todas as forças culturais em vigor reagem a essas perturbações com tentativas de criar uma nova imagem para o mundo. Isso pode ser qualificado como artificial, e com razão, mas não há motivo para menosprezar essa reorientação cultural como sendo 'teórica'. Uma pequena amostra de criações maneiristas deve bastar para afastar esse pre-

Lucas 24

29 { mane nobiscum
quoniam
advesperascit et
inclinata
est iam dies.

32 { *nonne cor nostrum*
ardens erat in nobis
dum loqueretur in
via et aperiret nobis
scripturas.

conceito: São Pedro, o *Wilhelmus*, a astronomia moderna, a geometria analítica, a mecânica, a música dos virginalistas ingleses, a poesia de William Shakespeare e John Donne, todos os importantes calígrafos de livros, todas as relevantes gravuras em cobre, o *Statenbijbel6*[6], *In praise of folly*, e o estado holandês.

O Maneirismo não se permite ser intrometido entre a Renascença e o Barroco como mero período de transição. A minha casual coleção de exemplos se contrapõe à experiência acumulada da Idade Média. O que é comum a todas as expressões maneiristas é a resistência à divisão de seu cenário. Com relação ao Maneirismo, a Renascença é apenas um fenômeno regional medieval – a contrapartida toscana do Gótico burgúndio.

cecídit cecídit *Babylon*
illa magna quae a vino irae fornicationis sua potionavit omnes gentes   Apocalypsis 14:8

---

6 Primeira tradução da Bíblia para o holandês diretamente do hebraico, aramaico e grego, ordenada pelo governo da República Protestante Holandesa, em 1637. (NT)

8. AS MUDANÇAS NO CONTRASTE

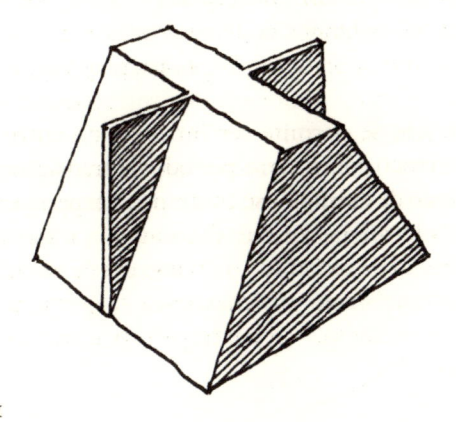

8.1

A civilização ocidental começa com a invenção da imagem da palavra. Apresentei aqui a Idade Média como o período no qual a imagem da palavra é cownsolidada. Essa simplificação me coloca numa posição que mantém a distância nuanças que podem obstruir a visão do assunto principal. O que se revela aos olhos se resume a um aumento do contraste do traço. Posso retomar essa sinopse mais adiante, mas por ora nossa perspectiva não está mais limitada àquela da translação medieval. Aumento no contraste pode ocorrer tanto na tipografia ocidental do século XIX como na caligrafia bengalesa, a qual por acaso desconheço.

A Figura 8.1 é um modelo desse aumento de contraste. O topo do bloco é uma cruz com certo contraste. Seguindo para baixo, o traço mais grosso se torna ainda mais grosso, e, assim, todas as secções que se cruzam horizontalmente mostram um contraste maior que no topo. Um limite no aumento de contraste é obtido quando o traço fino não é mais significativo; na base do bloco, a cruz tornou-se um retângulo.

Na Figura 8.2, o traço fino torna-se mais grosso em direção à base. O efeito é uma diminuição no contraste. O ponto final dessa diminuição é alcançado quando os traços são igualmente grossos.

A partir dessa perspectiva, um aumento e uma diminuição no contraste não são simplesmente o oposto um do outro, eles existem perpendicularmente um ao outro. Ambas as operações envolvem um engrossamento do traço; o aumento no contraste implica no engrossamento da parte grossa do traço, enquanto a diminuição no contraste torna a parte fina do traço mais grossa. A análise baseia-se na premissa de que a escrita possui contraste. A alternativa para essa premissa escapa à minha capacidade de representação. Sem isso, não consigo imaginar uma única explicação para o desenvolvimento da escrita, a natureza coesiva de grandes culturas ou até o total fracasso da educação.

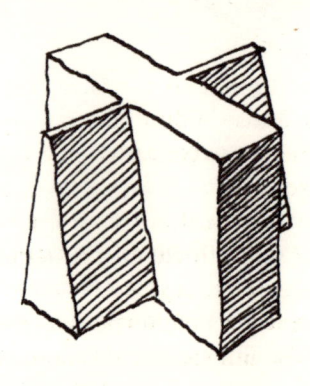

8.2

Se meu modelo para o contraste faz sentido, é estranho que tenhamos captado tão facilmente, com um único e abrangente esquema, vários graus de aumento no contraste (como na Idade Média ou nas várias gradações de tipos), mas não os vários graus de diminuição. Para um leigo ou mesmo para o tipógrafo mediano, os cruzamentos do bloco da Figura 8.1 estão associados, mas não aqueles da Figura 8.2. A base da Figura 8.2 está no domínio das *sanserifs* e, para quase todos nós, esse é um mundo à parte. Entretanto, o modelo pode induzir alguém a concluir que as *sanserifs* não existem como uma categoria autônoma.

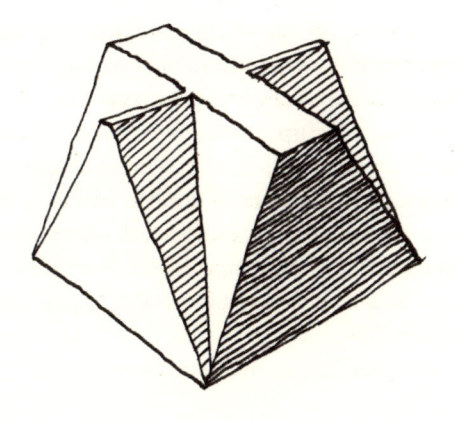

8.3

No bloco da Figura 8.3, ambos os traços, grosso e fino, engrossam em direção à base. A diminuição no contraste se emparelha com o aumento no contraste, mas quando coincidem, o branco desaparece.

Esta é uma conclusão com final em aberto. Embora esses três blocos possam ser um artifício conceitual para fortalecer minha compreensão das variações de contraste, eles não proporcionam a inexorável conclusão de uma teoria. Para a teoria, eu espero mais de um sistema de coordenadas tridimensional, como na Figura 8.4.

Para a escrita manual, a equação $x = y$ = zero se mantém válida. O eixo z segue da translação para a expansão. Para a história da cultura, isso significa do clássico para o classicista, e, para a antropologia cultural, isso quer dizer do ocidente (semítico) ao oriental (chinês). O eixo x demonstra o aumento de contraste, e no eixo y está a redução do contraste. Interpolando vários pontos nos três eixos, produz-se uma estrutura de pontos que, se tomados em conjunto, formam um cubo.

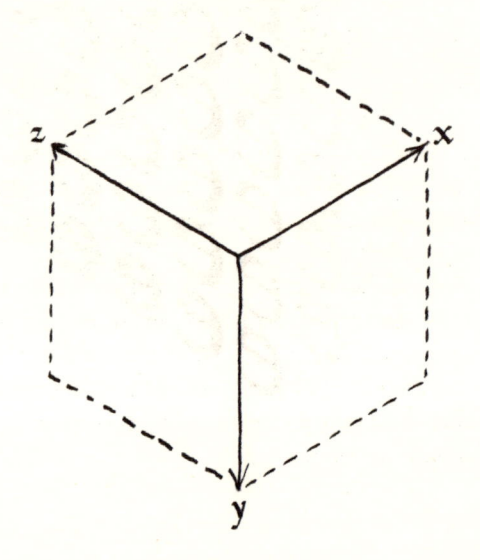

8.4

A Figura 8.5 mostra um cubo constituído de interpolações da letra *e*. Cada uma das 125 letras pode ser denominada por uma coordenada x, y e z. Nesse caso, x, y e z representam um número entre 1 e 5, mas a princípio cada eixo abrange um número infinito de posições (das 125 letras, 64 estão visíveis na Figura 8.5).

O cubo esclarece minha conclusão que estava em aberto. Este livro é uma exploração ao longo do eixo z, com pequenas incursões na direção do eixo x. O que se manifesta no final do eixo y só pode ser indicado em termos vagos.

8.5

Veniat
regnum tuum
fiat
voluntas tua
panem nostrum
supersubstantialem
da nobis hodie

Mattheus 6:10/11

9. A TÉCNICA

Para analisar a escrita, preciso escrever, e para ter a capacidade de escrever, necessito de uma análise. Não há nenhuma surpresa nesse estudo, mas no estúdio de trabalho, sim. Tudo o que tenho a dizer pressupõe a técnica, mas a história de penas, lápis, pintura, tintas, papel e pergaminho não será tratada aqui. Tenho buscado um ponto de equilíbrio para as abstrações desse livro com o realismo das ilustrações. Elas não foram retocadas e todas as reproduções estão em seu tamanho original. Para os traços transparentes, usei pincéis de fios sintéticos. Todas as outras ilustrações foram feitas com penas de metal. A tinta é chinesa, em bastão, e os papéis que utilizei são de vários tipos específicos para livros. O fato de esses papéis terem uma engomadura própria para a impressão em *Offset* os torna mais adequados à escrita manual do que os assim chamados materiais para a escrita. Os traços foram realizados com uma velocidade de aproximadamente um centímetro por segundo.

Na educação ocidental, existe o hábito de imobilizar o pulso, apoiando-o na superfície no decorrer da escrita, e direcionar a pena com o movimento de dez ou mais juntas dos dedos envolvidos na ação. Dessa maneira, eu nunca seria capaz de controlar o traço e ainda estou para conhecer alguém que o tenha feito. Ainda que algo possa ser feito assim, seria impossível realizar grandes traços dessa maneira. Escrevo todas as minhas letras, sejam grandes ou pequenas, do mesmo modo. Os dedos ficam praticamente parados em relação ao pulso, o ângulo da haste da pena com a superfície do papel é constante e todo o braço fica em movimento. Esse movimento é quase imperceptível quando escrevo letras pequenas, mas se eu tocar com o dedo no meu braço, logo abaixo da junta do ombro, posso distinguir claramente o movimento dos músculos. O texto de Matheus 6: 10–11, por exemplo, foi totalmente escrito usando esse padrão de movimento, tanto nas hastes mais longas como nas hastes menores.

Espalhei passagens bíblicas em latim pelo livro todo como exemplos independentes de vários tipos de escrita, com diversos tipos de contraste e construções. Por não terem uma conexão direta com o texto, eles estão fora da numeração referencial dos capítulos, como nas outras ilustrações. Esses textos foram extraídos da Vulgata medieval (The Stuttgart, edição comentada), mas eu identifiquei suas localizações de acordo com a tradição calvinista holandesa. Lancei mão da Vulgata porque acredito que a escrita ocidental encontrou sua expressão neste livro. A palavra-imagem rítmica exerceu grande influência nas letras ali envolvidas. As letras que aparecem juntas com maior frequência também estão mais bem ajustadas. Entretanto, a frequência das letras é determinada pelas regras da ortografia. Na Idade Média, nenhum outro texto era escrito com tanta frequência como na Vulgata, permitindo presumir que a constância das letras e a combinação de letras desse trabalho constituem um ambiente ideal para os nossos estilos da escrita medieval. As letras que são raras na Vulgata (como o *y*) ou letras completamente ausentes (como o *j*) talvez prejudiquem a imagem da palavra. Se assim for, deveríamos recusar qualquer alteração na ortografia que atenue a discrepância entre a frequência de letras e aquelas que ocorrem na Vulgata. Na ortografia holandesa, a frequência do *j* é, de acordo com esse padrão, muito alta. Essa situação é corroborada pelo reconhecido fenômeno de que qualquer tipografia tem um melhor aspecto em latim do que em qualquer outro idioma. Nesse exemplo tipográfico, o preto das letras permanece o mesmo enquanto a qualidade deste varia. A qualidade tipográfica depende do branco da palavra, e esse é o ponto de partida da teoria da escrita.

posuit os meum quasi gladium acutum

ISAIAS 49:2

ÍNDICE DOS TEXTOS

Este livro foi composto
na fonte Adriane Text (Typefolio) corpo 9/12,7 pt.
Impressão *Offset* em papel Lux Cream 80 g/m²,
pela Gráfica Yangraf.

SÃO PAULO — 2013